COMPTE

DU TRÉSORIER

DU DISTRICT

DE SAINT-ÉTIENNE-DU-MONT,

A compter du 13 Juillet 1789, jusques & compris le 8 Septembre suivant.

la confiance. Il s'eſt fixé autour d'eux, au milieu d'eux ; il en a reçu du pain & des armes , le mouvement & le repos. Docile à tout, avec des amis nouveaux pour lui, il n'a point ſenti le commandement ; ſon obéiſſance , devenue volontaire, ne lui a point coûté. Il a vu ſes freres veiller, marcher avec lui, il ſe repoſoit ſur eux du ſoin d'aviſer, de diriger ſa conduite & de pourvoir à ſa ſubſiſtance.

Le Diſtrict , encore ſans argent, avoit déja dépenſé beaucoup. Aucun des fourniſſeurs n'avoit héſité de fournir, ni penſé qu'on pût héſiter. La confiance étoit générale ; chacun, ſans doute, la puiſoit dans ſon cœur & dans l'intérêt que nous avions tous à faire les ſacrifices néceſſaires à notre ſûreté.

C'eſt dans cet état qu'il fut nommé un Tréſorier. On n'avoit pas le tems de recourir au ſcrutin ; la confiance aſſignoit les places, le zele les faiſoit accepter. Voilà donc un Tréſorier, mais encore ſans recette ; il fut depuis confirmé dans une élection où le ſcrutin fut à peu près unanime.

Les premiers fonds furent fournis par le patriotiſme. M. le Curé de Saint-Etienne-du-Mont, MM. de Sainte Genevieve , les Ecoles de Droit, les Colleges de Navarre, de Montaigu, de Louis-le-Grand & autres , s'empreſſerent d'apporter des contributions volontaires. Le digne , l'excellent Paſteur de Saint-Etienne-du-Mont verſa encore le produit des quêtes & des offrandes. Il profita de l'aſcendant de la vertu & du droit que nous donnoient nos beſoins, pour obtenir des fonds de la Ville pluſieurs ſommes conſidérables. M. Duveyrier ſaiſit d'autres circonſtances pour réſerver des ſecours au Diſtrict. Pluſieurs citoyens remirent au tréſorier leurs contributions. Enfin, des collectes faites chez les citoyens ont aidé à ſubvenir aux dépenſes.

On ne croit pas devoir révéler ici les noms des bienfaiteurs ;

ce feroit, fans doute, bleffer leur modeftie ; plufieurs n'ont pas même voulu que leur nom fût infcrit au regiftre où ils ne font défignés que par le mot *inconnu*. D'ailleurs les noms des citoyens généreux, rendus publics, fembleroient accufer ceux qui n'ont pas encore fourni de contribution, ou qui n'en ont donné qu'une foible relativement à leur fortune ; ils fe réfervent, fans doute, pour les befoins à venir : mais les noms reftent au regiftre chez le Tréforier, & le double chez le Secrétaire du Diftrict, où il fera libre de vérifier la nature & les fources de la recette, qui ne fera indiquée que fommairement. Elle confifte en contribution, volontaires des corps & communautés, & des particuliers, fecours de la ville, produit des collectes, des gardes payées directement au bureau militaire, & enfin en quelques amendes. Voilà les moyens qui ont garanti le Diftrict de toute contribution forcée.

Il avoit cependant de grandes dépenfes à faire. Il falloit pourvoir à la fubfiftance du peuple dont les travaux étoient ceffés ; le retenir par ce moyen dans le fein du Diftrict, & empêcher que les mal-intentionnés ne s'en emparaffent pour en faire un inftrument de ruine.

Il a fallu le folder pour les gardes & patrouilles auxquelles on l'occupoit, & pour les expéditions auxquelles on le con-duifoit.

Il a fallu fubvenir au prêt des Gardes-Françoifes, lorfque le prêt du Roi leur a manqué, & à la fourniture de leur pain.

Il a fallu acheter les armes dont le peuple s'étoit emparé aux Invalides & ailleurs. On pourvoyoit ainfi au moyen d'armer nos corps-de-garde, & l'on ôtoit l'inquiétude que ces armes répandues pouvoient occafionner.

Il a fallu de plus des munitions & des réparations pour mettre les armes en état.

Il a fallu fournir du linge, des chauſſures, & autres beſoins aux ſoldats qui s'étoient rendus au Diſtriƈt.

Enfin, pourvoir aux frais de bureaux, de lumiere, d'impreſſions, d'affiches, &c.

Telles ſont les dépenſes auxquelles il a fallu ſubvenir.

L'économie étoit impoſſible dans les jours de déſordre, de trouble & de confuſion ; mais on n'a pas tardé à l'introduire, de moment à autre, à meſure qu'elle devenoit poſſible. Le Tréſorier, à portée de voir ce qui étoit ſuſceptible d'être ſupprimé, modéré, diminué de prix, faiſoit ſes obſervations qui ont toujours été accueillies ou prévenues.

Chacun a ſupporté les frais perſonnels qu'occaſionnoit ſon ſervice, ſoit des fréquentes députations à la ville ou vers les Diſtriƈts, des démarches pour les approviſionnemens, &c. Un membre des bureaux a fourni cinq rames de papier & d'autres proviſions.

La maiſon de Sainte-Genevieve a ouvert & livré ſes ſalles pour les bureaux ; elle a logé & nourri pluſieurs ſoldats : la jeuneſſe de l'Univerſité a offert ſes ſervices & donné des contributions. L'exemple & l'émulation étoient réciproques entre les maîtres & les éleves. Chaque jour voyoit des délibérations ſages, des ſacrifices, un zele ſoutenu & varié comme les beſoins. Tant de vertu, de courage, de patriotiſme, méritent les éloges & l'admiration ; mais qui les pourroit aſſez louer ! La ſageſſe & l'éloquence ont préſidé les aſſemblées genérales & particulieres. On a été étonné de découvrir chaque jour des tréſors de talens, de lumieres, de haute capacité. Les citoyens ſe ſont connus : c'eſt aſſez dire qu'ils ſe ſont aimés, eſtimés, liés par l'amour unanime du bien commun. Tant d'avantages ne ſeront point ſtériles ; ils doivent aſſurer le bonheur, comme ils ont écarté les malheurs dont nous étions entourés & preſſés.

On ne trouvera point ici déplacé l'hommage rendu aux vertus & aux talens des citoyens que renferme ce Diftrict. C'eft ce genre de richeffe qui l'a fecouru & diftingué.

Le compte que rend le Tréforier eft fommaire, parce que toute la Recette eft juftifiée par le regiftre de recette dont il joint copie.

La Dépenfe eft de même foutenue de pieces dans toutes fes parties, & ces pieces font jointes & dépofées.

Les fonctions du Tréforier ont été d'abord très-laborieufes, par la multiplicité des articles à payer & le nombre d'individus qui venoient avec des pieces infuffifantes, ou fans pieces, & qu'il falloit renvoyer ; mais aujourd'hui l'ordre s'eft établi & fe perfectionnera dans tous les objets de dépenfe ; elle va fe réduire encore. Ainfi le fucceffeur que le Tréforier demande aura moins de travail & d'affujettiffement dans un an, qu'il n'en a eu dans un des mois où il a fait le fervice.

COMPTE que rend à Meffieurs du Comité du Diftrict de Saint-Etienne-du-Mont, des Recettes & Dépenfes faites pour ledit Diftrict, PIERRE-FRANÇOIS BONCERF, de la Société Royale d'Agriculture, Tréforier dudit Diftrict, à compter du 13 Juillet 1789, jufques & compris le 8 Septembre fuivant.

CHAPITRE PREMIER.

RECETTE.

FAIT recette, le Comptable, de la fomme de *vingt-cinq mille huit cent cinquante-huit livres cinq fous*, provenans des fonds de l'hôtel-de-ville , des contributions volontaires à lui apportées directement par plufieurs particuliers, corps & communautés, & des collectes faites par les commiffaires à ce députés , qui en ont verfé le montant dans les mains du Comptable , &c. ; ainfi qu'il eft énoncé plus amplement & par le détail dans fon regiftre de recette dont copie eft ci-jointe , certifiée & cotée *premiere* , ci . . . . 25858 l. 5 f.

CHAPITRE SECOND.

DÉPENSE.

FAIT dépenfe , le Comptable , de la fomme de *vingt mille trois cents onze livres quinze fous* , montant des paiemens faits fur les ordonnances des Bureaux militaires , de fubfiftance & des premiers Officiers de fervice , lors de la formation du Diftrict , ainfi qu'il eft énoncé au regiftre dont copie eft ci-jointe , certifiée & cotée *deuxieme* ; lefquelles dépenfes font juftifiées par les pieces contenues dans différentes liaffes , à chacune defquelles eft joint un bordereau de la main du Comptable , vifé de différens membres du bureau de fubfiftance , ci . 20311 l. 15 f.

Pour la fatifaction des intéreffés à la connoiffance des Recettes & Dépenfes qui font la matiere du préfent Compte , le Comptable y a joint non-feulement copie de fes regiftres de recette & de dépenfe , & dépofé toutes & chacune piece

qui ont autorifé & ordonné lefdites dépenfes , n'en ayant
fait aucune fans un ordre écrit & figné de perfonnes qualifiées
à ce faire ; il a , en outre , cru devoir faire des relevés pour
conftater la nature des recettes & des dépenfes, d'où il réfulte
ce qui fuit : favoir :

Récapitulation des natures de Recette.

Recette provenante des contributions vo-
   lontaires des corps · & communautés   4969 l. 12 f.
Idem , provenant des contributions vo-
   lontaires des différens citoyens . .   892   14
Idem , provenant du Tréforier de la Ville   11000
Id. provenant de différentes collectes .   3280   7
Id. provenant des fonds communs de la
   Ville , réfervés par M. Duveyrier .   5600
Id. provenant des gardes payées . .   110   4
Id. provenant d'amendes   5   8
Somme pareille à celle du journal de
   recette   25858   5

Récapitulation des natures de Dépenfe.

Subfiftances , approvifionnemens , lu-
   miere, fervices des Suiffes , & Bedeau   5740 l. 14 f.   .d
Solde des gardes montées , voyages ,
   expéditions . . . .   6105 l. 17 f. 6
Prêt des Gardes-Françaifes . . .   3551
Achat d'armes , munitions , réparations
   & journées d'armurier   2797   17   6
Equipement , linge & chauffure , &c.   889   12
Frais & fournitures des bureaux . .   86   4
Impreffion , affiches , &c. . . .   1140   10
Somme pareille à celle du journal de
   dépenfe . . . .   20311 l. 15 f.

RÉCAPITULATION GÉNÉRALE.

La recette eft de . . . . **2585**8 l. 5 f.
La dépenfe s'éleve à 20311   15

Il refte en caiffe à l'époque du huit Septembre inclufivement, la fomme de *cinq mille cinq cent quarante-fix livres dix fous*, ci . . . . 5546 l. 10 f.

Le Compte, dont on préfente le réfultat, a été ainfi arrêté au Bureau des fubfiftances le 14 Septembre 1789, & figné par MM. Roucher, Préfident du Diftrict; Defcemet, Morizot, Menard & Saillant.

Pendant l'intervalle du 8 au 15, que le Tréforier a continué le fervice, il a reçu *neuf cent trente-neuf livres*, ci .   939 l.   f.

Ce qui, avec le refte en caiffe au 8 de ce mois, de 5546. 10

fait monter le reftant de la recette à .   6485 l. 10 f.
Dans le même intervalle il a dépenfé   1485   10

Le refte en caiffe, audit jour 15 Septembre, eft de . . . . 5000 l.

Qui a été remis à M. Bataille, nouveau Tréforier élu au fcrutin dans l'Affemblée générale du 12 Septembre.

EXTRAIT du Procès-Verbal de l'Assemblée générale du District de Saint-Etienne-du-Mont.

Du 12 Septembre 1789.

M. BONCERF, Tréforier du District, a repris la lecture de ses obfervations préliminaires ; elle a été plufieurs fois interrompue par des applaudiffemens qu'une éloquence fimple, douce, touchante & toute à la fois énergique & grande ne manque jamais d'exciter. Tel eft le genre d'éloquence qui caractérife, d'une maniere fi honorable pour M. Boncerf, fes obfervations préliminaires. Il lui a été facile de tracer le tableau vrai & impofant, des talens, du zele, de la générofité & du patriotifme d'un grand nombre de citoyens de ce District : il n'a eu qu'à lire dans fon cœur ; ces vertus & toutes celles que la faine morale préconife, en ont été de tous les tems les principaux ornemens. Les obfervations de M. Boncerf étoient fuivies d'un réfumé de fon Compte, par lequel il appert que la Recette qu'il a faite depuis le 13 Juillet dernier, jufqu'au 8 de ce mois inclufivement, montoit à la fomme de *vingt-cinq mille huit cent cinquante-huit livres cinq fous* ; & la Dépenfe, aux mêmes époques, à celle de *vingt mille trois cent onze livres quinze fous* ; que partant il reftoit en Caiffe, audit jour 8 du préfent mois inclufivement, la fomme de *cinq mille cinq cent quarante-fix livres dix fous.*

Après cet expofé, M. Boncerf a témoigné à l'Affemblée fes regrets de ce que les voyages qu'il alloit faire le mettoient dans l'impoffibilité de répondre plus long-tems à la confiance que le District avoit bien voulu lui accorder, de remplir la tâche qu'il lui avoit impofée, & de continuer à lui donner des preuves de fon zele & de fon devouement, ainfi que du vif intérêt qu'il prenoit au bonheur particulier de tous les citoyens qui le compofent.

Un honorable Membre, qu'il nous a paru difficile de devancer lorfqu'il s'agit de rendre hommage aux vertus & aux talens de fes concitoyens, M. de la Vigne, à qui il convient fi bien d'apprécier tout ce qui part d'un cœur pénétré des fentimens du patriotifme, dont il a conftamment donné des preuves fignalées & cumulées depuis le premier inftant de la révolulution, après avoir payé publiquement à M. Boncerf le jufte tribut d'éloge que chacun des Membres de l'Affemblée lui rendoit en particulier, a voté des remerciemens pour cet Officier recommandable à tant de titres, & a demandé que dans le procès-verbal du jour il fût fait une mention diftinguée des obfervations dont il venoit d'être fait lecture, & que ces obfervations fuffent mifes en tête du compte, qui feroit rendu public par la voie de l'impreffion.

Il a été arrêté, à la très-grande pluralité, que le compte de M. le Tréforier feroit rendu public par la voie de l'impreffion, & que les obfervations dont cet Officier venoit de faire lecture à l'Affemblée feroient imprimées en tête de fon compte. Ce décret a été fuivi des plus vifs & des plus finceres applaudiffemens, témoignages auffi flatteurs que mérités des fentimens d'eftime & de reconnoiffance que l'Affemblée s'étoit réfervé de rendre unanimement à M. Boncerf, fentimens qu'elle lui confervera.

Signé, ROUCHER, *Préfident.*

JACQUINOT & LEFEBVRE, *Secrétaires.*

Certifié véritable & conforme à l'original par moi fouffigné, dans l'Abbaye Sainte-Geneviéve, le 28 Septembre 1789.

LEFEBVRE, *Secrétaire général.*

A PARIS. De l'Imprimerie de la Veuve VALADE, Imprimeur du Diftrict de Saint-Etienne-du-Mont, rue des Noyers. 1789.